Endlich verständlich

Rechtschreibung
Teil III
Klassen 3/4

Autor: Helmut Grau
Illustrator: Manfred Bofinger

Volk und Wissen Verlag

Inhaltsverzeichnis

Verwechselbare Konsonanten 3
Wörter mit x-Laut (x, chs, cks, ks, gs) 3
Wörter mit f-Laut (V/v, F/f, Pf/pf, Ph/ph) 7
Wörter mit Qu/qu 13
Wörter mit St/st oder Sp/sp am Silbenanfang 15
Lerntest 16

s-Laute: s, ss und ß 17
Stimmhafter und stimmloser s-Laut 18
Stimmloser s-Laut: s, ss und ß 19
ss oder s? 20
ß oder s? 25
das oder dass? 28
Lerntipps 29
Lerntest 30

Wörter mit k/ck und z/tz 31
ck oder k? 31
tz oder z? 37
Lerntipps 39
Lerntest 40

Zeichensetzung 41
Satzschlusszeichen 41
Das Komma in der Aufzählung 43
Wörtliche Rede 44
Lerntest 48

Lösungsteil
in der Mitte zum Herausnehmen 1-8

Verwechselbare Konsonanten

Wörter mit x-Laut (x, chs, cks, ks, gs)

1 Markiere die Buchstaben im Hexenklecksgedicht, die wie *x* klingen.

Flitzefi<u>x</u>, die freche Hexe,
flog herbei auf ihrer Echse,
malte flugs sechs dicke Kleckse
in das Rechtschreibheft von Max –
hui, verflixt, ein schlimmer Spaß!
Schnappte sich noch einen Keks,
war schon wieder unterwegs.
Felix sah den wilden Jux,
machte Augen wie ein Luchs,
sagte aber keinen Mucks.

Mer<u>k</u>st du's oder mer<u>k</u>st du ni<u>x</u>?
Donnerkna<u>cks</u> und Nixenkni<u>cks</u>!
Hier geht's nicht nur um das x !

4 Verwechselbare Konsonanten

Merke dir: Für den *x*-Laut gibt es verschiedene Schreibweisen: *x, chs, cks, ks* und *gs*. Die richtige Schreibweise eines Wortes mit *x*-Laut musst du dir in den meisten Fällen durch Üben einprägen.

Beispiele: Ju*x*, se*chs*, Kla*cks*, Ke*ks*, unterwe*gs*

2 Ordne die Wörter nach ihren *x*-Lauten in die Tabelle ein.

fix • **Knicks** • **Büchse** • **Angst** • **Hexe** • **Echse** • **Kleckse** • **Fax** • **Klacks** • **Wachs** • **Keks** • **unterwegs** • **flugs** • **Jux** • **Luchs** • **Mucks** • **Koks** • **links** • **längst** • **piksen**

x	chs	cks	ks	gs
fix				

3 Finde zu jeder Frage das Lösungswort mit *x* und trage es in die Kästchen ein.

1. Mietauto mit Fahrer
2. Mit Fäusten kämpfen
3. Märchenhaftes Wasserfräulein
4. Scherz, Spaß, Ulk
5. Werkzeug zum Holzhacken
6. Küchengerät zum Mischen

1. | T | A | X | I |
2. | | | | | |
3. | | | | |

4. | | | |
5. | | | |
6. | | | | | |

Geschafft? Prima!
Vergleiche deine Ergebnisse mit den Lösungen.
Du findest sie zwischen den Seiten 24 und 25.

Verwechselbare Konsonanten 5

4 Jetzt bist du mit Dichten an der Reihe. Vervollständige das Tierrätsel.

Der Fu chs , der Lu ⬤ , der La ⬤ , der Da ⬤ ,

der O ⬤ e, die Eide ⬤ e,

sie schreiben sich mit *chs*

und das vereint die se ⬤ e.

5 Bilde möglichst viele Wörter der Wortfamilie *wachsen* und schreibe sie in dein Heft. Achte auf die Groß- und Kleinschreibung.

Beispiel: aufwachsen, ...

6 Lass jedes Wort mit WACHS verschmelzen:

Kerze	bohnern	Wachskerze	Bohnerwachs
Malkreide	Ski	....	....
Tuch	Figur	....	....
weich	Biene	....	....

Du *wächst* und *wächst* an deinen Aufgaben...
Bei *wächs-t* fällt aber das Endungs-*s* weg –
weil am Wortstamm-Ende ja schon eines steht.
Merk-st du den Unterschied?

Verwechselbare Konsonanten

7 Das Programm „Murks" hat alle *x*-Laute gelöscht. Gib sie neu ein.

Murks	lin.......		unterwe.......	du flie.......t
Ke.......	Ko.......		län.......t	weni.......tens
pi.......en	sta.......ig		Pfin.......ten	mitta.......

ks **gs**

Kni.......	schnurstra.......
Kna.......	hinterrü.......
mu.......mäuschenstill	

cks

> **Lerntipp:**
> Die Verwandtschaftsprobe verrät dir oft die Schreibweise eines *x*-Lauts:
> Suche ein verwandtes Wort, das du schon sicher schreiben kannst.
> *wirksam: wirken, Wirkung; gefälligst: gefälliger; Glückskind: glücken*

8 Setze diese Wörter zu fünf neuen zusammen. Markiere das Fugen-s.

Schmetterling	Luft	Schmetterling**s**flügel
Glück	Farbe	....
Volk	Park	....
Frühling	Schwein	....
Liebling	Flügel	....

Ich singe, weil in meinem *Glückskeks* steht,
dass ich ein *Sonntagskind* bin!

Verwechselbare Konsonanten

Wörter mit f-Laut (V/v, F/f, Pf/pf, Ph/ph)

9

V/v-Wörter mit f-Laut

vier,

V/v-Wörter mit w-Laut

Klavier,

Gestatten? Vladimir, Vampir. Das alte Verlies ist super, schön feucht und finster. Hilf mir Platz zu schaffen. Ordne die *V/v*-Wörter in die beiden Türme ein.

vier	Klavier	davon	Vogel	Lava	Vulkan	Vers
Vanille	Vater	Verein	Video	Vieh	Verb	oliv
Olive	bravo	brav	Pullover	Ventil	Detektiv	
Lokomotive	Vorsicht	Vitamin	Verwandte	Lavendel		
vergessen	Violine	vorher	Veranda	Vorderzahn		

Und wohin mit dem _Vesuv_? Den spricht man vorne wie *w* und hinten wie *f*.

8 Verwechselbare Konsonanten

10 Die Antwort auf das Rätsel findest du sicher mühelos. Setze sie ein.

Wer bin ich?
In *Villa*, *Pullover* und *Klavier* spricht unverwechselbar *W* aus mir.
In *Verb*, *Violine* und *Video* erklinge ich dir ebenso.
Doch aus dem *Vollmond* über den Bergen
soll ja wohl kein Wollmond werden,
aus *Vetter* kein Wetter und aus *Veilchen* kein Weilchen?
So tönt es mal *F*, ein andermal *W*, obwohl ich immer als .... vor dir steh´.

> **Merke dir:** Die Wörter *viel* und *fiel* klingen gleich, sie werden beide mit
> *f*-Laut gesprochen. Nur an ihrer Bedeutung kannst du sie unterscheiden.
> *Viel* heißt eine große Menge. *Fiel* ist die Vergangenheitsform von *fallen*.
>
> **Beispiele:** *Viel Freude! Die Vase fiel um. Die vielen Vögel fielen uns auf.*

11 Ergänze die passende Form von *viel/vielen* oder *fiel/fielen*.

1. Als die Sternschnuppe vom Himmel *fiel*, wünschten sich alle ....

Glück. 2. Die Burg ver............. zu einer Ruine, aber den Kindern ge...............

sie so .... besser. 3. Wir .... nicht auf den Trick herein.

12 Bilde aus *fallen* und *ge-, um-, aus-, ein-, auf-, durch-, hin-, miss-* neue
Tätigkeitswörter. Erfinde zu jedem einen Satz in der Vergangenheitsform.

gefallen, ...

....

Beispiel: Auf unserem Ausflug gefiel mir das Ponyreiten am besten.

Das ist meine Eselsbrücke für *viel* und *fiel*:
Der Apfel *fiel* vom Baume dort,
drum trag´ ich *viel* im Korbe fort.

Verwechselbare Konsonanten 9

13 Diese Wortbausteine kannst du mit *viel* kombinieren.

-seitig   -fach   -mals   -leicht   -fältig

vielseitig, ...

14 Setze *voll/völl* oder *Füll/füll* ein.

1. Die Überraschung war vollkommen! 2. Sie sah ....ig anders aus.

3. Leihst du mir deinen ....federhalter? 4. Sind die Gläser ge.............t?

5. Nein, sie sind nur halb .... 6. Das genügt .... und ganz.

7. Ist das Puzzle ....ständig? 8. ....e den Korb, bis er .... ist.

15 Die zwei Papageien krächzen dieselben Wörter – jedoch mit verschiedenen Wortbausteinen am Anfang: *ver-* und *vor-*. Schreibe die Wörter auf.

verschreiben	schreiben	vorschreiben
....	lassen	....
....	sorgen	....
....	stellen	....
....	fahren	....
....	sprechen	....

Wenn ich jetzt *Fersengeld* gebe,
dann hat das mit *Versen* nichts zu tun,
auch wenn es sich so anhört.

Verwechselbare Konsonanten

16 Ein Brief von Großkusine Violetta an Vampir Vladimir. Ergänze V/v, wo es fehlt. – Vorsicht Falle: Viermal musst du andere Buchstaben einsetzen.

Villa Fledermaus, 2.2.2002

Lieber Vetter,

gestern Nacht bin ich wohlbehalten bei unseren ...erwandten angekommen. Du kannst dir gar nicht ...orstellen, wie einsam es hier ist. Hier sagen sich ...uchs und Hase gute Nacht. Zum Zeitvertreib ...ersorge ich dich mit guten Ratschlägen, soeben ...ielen mir einige ein: Nasch nicht so ...iele ...itamine, da...on ...erfärben sich die ...orderzähne! Zieh einen ...armen Pullo...er an, wenn du bei ...ollmond auf der ...eranda sitzt! Übe täglich eine ...iertelstunde lang Kla...ier. Kann ich mich darauf ...erlassen, dass du abends die ...ledermäuse fütterst? Gieße auch den La...endel unter der ...erfallenen Wendeltreppe. Und ...ergiss nicht: Ein bra...er ...ampir schläft früh um ...ier. ...iele Grüße und bis bald.

Deine fürsorgliche Violetta

„Vladimir, der Vampir,
spielt auf dem Klavier
im Burgverlies das hohe Fis
bis morgens früh um vier."

Verwechselbare Konsonanten 11

17 *Pf, pf, mpf... F, f...* – So schnauben und prusten die Urzeitriesen, die hier gerade vorbeitrampeln. Mit denselben Buchstaben füllst du die Wortlücken.
Tipp: Alle Wörter mit *Pf/pf* und *mpf* findest du im Kasten.

> Tropfen   dumpf   dampfen   Sumpf   stampfen
> Fußstapfen   Pflanze   Kopf   Wipfel
> stumpf   rupfen   hüpfen   Pfad

Schwere Tropfen ....allen von den riesigen ....arngewächsen.

Aus der ....erne dröhnt du..............es Donnergrollen.

Nach dem he....tigen Regenguss da..............t die ....eucht-warme Erde. Sie bebt unter dem Gewicht einer Dinosaurierherde, die schwerfällig durch die Su...............landschaft sta..............t. Die Fußsta.......en der Tiere drücken sich tie.... ein. Es sind riesige ....lanzen....resser auf der Suche nach neuen .....utterplätzen. Die Kö......e der Älteren überragen die Baumwi.......el. Mit stu................en Zähnen ru......en sie riesige Büschel Grünzeug von den Ästen. Die ge....leckten Jungtiere hü......en und kobolzen auf dem Trampel.......ad hin und her.

Pf!
Mit *Pf* und *F* habe ich gar kein Problem.
Wenn mir nicht einfällt, wie man *Pferd* schreibt, nehme ich das Pony oder mein Privatflugzeug.

Verwechselbare Konsonanten

18 Schreibe diese Wörter mit Druckbuchstaben in die passenden Wortbilder:
Pfropfen ❖ **Pfeffer** ❖ **Pferd** ❖ **Pflaster** ❖ **pflegen** ❖ **Pflicht**

P f r o p f e n

19 In diesen Quatschreimen darfst du das *P* vor dem *F/f* weglassen.

Ein schwerer *Pflug* dient nicht zu einem Höhenflug. ✶

Ich hab ein *Pfund*, ich weiß nicht wo, vielleicht liegt´s auf

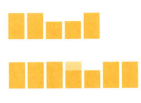

dem ....büro. ✶ Wer kriegt das *Pfand*? Der, der es .... ✶

Zur Nagelpflege keine *Pfeile* – besser geht´s mit einer ....! ✶

Auf allen Fahrten, Flügen, *Pfaden* braucht man Schere, Nadel, ...

> **Merke dir:** Den *f*-Laut *ph* in Fremdwörtern kannst du meistens auch mit
> *f* schreiben. Es gibt aber einige Ausnahmen.
>
> **Beispiele:** *Delfin/Delp̲h̲in, Fotografie/Photographie*
> aber: *Alp̲h̲abet, Asp̲h̲alt, Strop̲h̲e, Katastrop̲h̲e, Sp̲h̲inx, P̲h̲ysik*

20 Zu jedem Wort findest du ein Reimwort (Einzahl) mit *V/v, F/f, Pf/pf* oder *Ph/ph*.

Mütze	weil	Weile	Weilchen	Zofe
Pfütze	......eil	......eile	......eilchen	Stro......e

Na sooo was:
In dem Wort *Alp̲h̲abet* kommt ein *f*-Laut vor,
der im Alphabet gar nicht vorkommt!

Verwechselbare Konsonanten 13

Wörter mit Qu/qu

21 a Was machen die Frösche im Teich? Ergänze die Tätigkeitswörter mit *qu*!

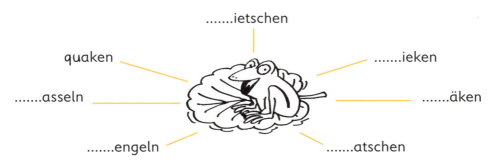

.......ietschen

quaken

.......ieken

.......asseln

.......äken

.......engeln

.......atschen

b Hier wird gequakt, ge..

....

22 Kreuz und quer liegen die Buchstaben. Errätst du die Wörter mit *Qu/qu*?

Ratespiel:	z Q i u	Quiz
Kartenspiel/Musikstück:	t t a r Q e u	....
beißender Rauch:	l a m Qu	....
gemütlich, angenehm, mühelos:	m e b u e q	....
Rührgerät:	r i l Q u	....
gewaltsam drücken:	n e t s ch qu e	....

Ist das nicht ku-rios? Man nennt es *ku*,
man spricht es *kw* und man schreibt es *qu*.

14 Verwechselbare Konsonanten

23 a McBirds Ballons sollen fünf Wortpaare bilden. Bemale je zwei zusammengehörige Ballons mit derselben Farbe.

b Schreibe die fünf zusammengesetzten Namenwörter auf.

Kaulquappe, ...

....

24 Was ein *Aquarium* ist, weißt du. Doch was ist ein *Aquamarin* oder ein *Aquarell*? Schlage im Fremdwörterlexikon nach. (Ein Tipp: Ä = A!)

Ein Aquamarin ist ein hellblauer bis meergrüner Edel........................ .

Ein Aquarell ist ein mit Wasser.......................... gemaltes ....

Darf es statt <u>Qu</u>arktörtchen auch mal ein Bis<u>k</u>uit sein?
Das schreibt man nämlich nicht mit *qu*.

Verwechselbare Konsonanten 15

Wörter mit St/st oder Sp/sp am Silbenanfang

Merke dir: Am Wortanfang spricht man *schp* oder *scht*, doch man schreibt *Sp/sp* oder *St/st*.
Das gilt auch, wenn ein Wort oder Wortbaustein vorangestellt ist.

Beispiele: *S̲prache, S̲trich, Fremds̲prache, vers̲treichen*

25 In den Lücken fehlt *Sp/sp, St/st* und – aufgepasst! – viermal *scht*.

Gestohlen! Irgendein ....rolch hatte ihm den Geldbeutel aus der ....orttasche geklaut, während er gedu............ hatte. Und ausgerechnet heute hatte er das er........arte Geld für die Trekking-Weste einge........eckt! Moment – war da nicht jemand an der Tür vorbeigehu............? Er ....ähte den Gang des Sport-........adions hinunter. Nein, keine ....ur von dem Schuft. Das Drei-Eins von vorhin machte ihm nun auch keinen ....aß mehr. Enttäu............ ....reifte er sich das ....rickhemd über und ....ieg in den linken ....iefel. Überra............ zog er den Fuß wieder zurück. Was hatte er da ge........ürt? Ha! Da ....eckte er ja, der Geldbeutel, sogar einen ....rumpf hatte er vor dem ....piel darüber ge........opft, sicherheitshalber. Glück gehabt!

Lerntest

1. Setze für die fehlenden *x*-Laute *x, chs, cks, ks* oder *gs* ein. `6`

Vor He.......en und Ni.......en braucht man keine An.......t zu haben.

Wenn man ihnen einen Ke....... anbietet, werden sie wa..........weich

und bedanken sich mit einem höflichen Kni........... .

2. Was musst du einsetzen: *V/v* oder *F/f*? `6`

.... ielleicht sehen wir uns morgen. ❖ Ich wünsche dir ......iel Glück!

❖ Der Apfel .....iel mal wieder nicht weit vom Stamm. ❖ .....iele Gold-

taler .....ielen vom Himmel. ❖ Welche Zirkusnummer ge.....iel dir am

besten?

3. Bilde Reimwörter. Beginnen sie mit *F* oder mit *Pf*? `3`

Lanze   Butter   Herd

....

4. Was fehlt hier: *S/s* oder *Sch/sch*? `5`

Besser ....pät als nie! ◆ ....teter Tropfen höhlt den ....tein. ◆

Was taten die Heinzelmännchen von Köln?

Sie wuschen und wi..............ten, sie rührten und mi..............ten.

Du kannst `20 Punkte` **erreichen.**
Du hast erreicht.

s-Laute: s, ss und ß

1 Ordne die unterstrichenen Wörter in die drei Spalten ein.

Schweiß fließt dem Matrosen über Stirn und Schnabel. Seit Stunden diese gleißende Hitze! Sein Wasservorrat ist erschöpft, und zu essen hat er bloß noch eine Dose Erdnüsse. Rosige Aussichten! Sie bessern sich auch nicht durch die riesigen Flossen, die sein Floß umkreisen. Doch er wird erlöst. „Klappe!", ruft der Filmregisseur. „Große Klasse, McBird! Machen wir Schluss für heute!"

Wörter mit s	Wörter mit ss	Wörter mit ß
		Schweiß

s-Laute? Kein Problem.
Auf *los* geht's los.

s-Laute: s, ss und ß

Stimmhafter und stimmloser s-Laut

Merke dir: Der s-Laut ist entweder stimmhaft oder stimmlos.
Das heißt: Er kann mit oder ohne Stimme gesprochen werden.
Stimmhaftes s klingt weich und summend, wie in *Rose*.
Stimmloses s ist ein tonloser, scharfer Zischlaut, wie in *beißen*.
Den stimmhaften s-Laut schreibt man immer mit einfachem s.

Beispiele: *lose, Meise* (stimmhaft) – *los, Mais* (stimmlos)

2 Bilde Reimwörter mit stimmhaftem s, sprich sie laut aus:

Nase	Besen	Wiesel	pinseln
Hase	l........................	K........................	w........................

Zeisig	Fransen	Linsen	Brause
R........................	Schimp................	gr........................	P........................

3 Sprich dir die Wortpaare laut vor. Jedes enthält zwei verschiedene s-Laute.
Finde jeweils das Wort mit stimmhaftem s-Laut heraus, markiere es farbig.

Vase – Wasser ❀ Risse – Riese ❀ Füße – Gemüse ❀ weiser – weißer

bereits – reisen ❀ fleißig – Reisig ❀ Flosse – lose ❀ Lösung – Klöße

Lerntipp:
Den Unterschied zwischen stimmhaftem und stimmlosem s kannst du
spüren: Lege deine Hand auf deinen Kopf und zische zuerst ein langes,
stimmloses Schlangen-*sssss*. Nichts geschieht. Summe nun wie eine Biene
auf einer Blumenwiese. Spürst du das Vibrieren unter deiner Hand?

*Sssumme, Bienchen, kreise leise,
summe emsig deine Weise
und besorg' mir Honigspeise...*

s-Laute: s, ss und ß   19

Stimmloser s-Laut: s, ss und ß

Merke dir: Für den stimmlos gesprochenen, „gezischten" s-Laut gibt es drei Schreibweisen: s, ss und ß.

Beispiele: Bu_s_, We_s_pe, Fa_ss_, Horni_ss_e, Grie_ß_, Grö_ß_e

4 Lauter Wörter mit stimmlosem s-Laut. Sortiere sie in der Tabelle.

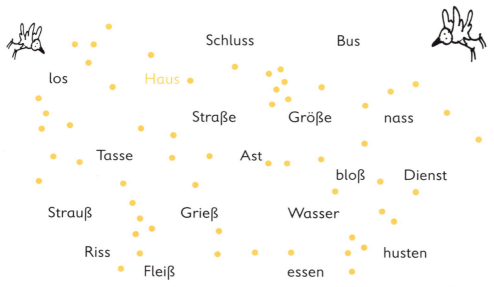

Schluss   Bus
los   Haus
Straße   Größe   nass
Tasse   Ast
bloß   Dienst
Strauß   Grieß   Wasser
Riss   husten
Fleiß   essen

s	ss	ß
Haus,		

Wie ich *Stress* vermeide?
Mit *ss* natürlich.
Das ist in meinem *Kissen* drin
und da leg´ ich mich drauf.

s-Laute: s, ss und ß

ss oder s?

> **Merke dir:** ss steht nur nach kurzem, betontem Selbstlaut (Vokal).
>
> **Beispiele:** na_ss_, be_ss_er, geküsst, Fässchen, Schlosspark

5 Unterscheide die Vokale vor dem s-Laut: Setze unter jeden kurzen, betonten Vokal einen Punkt und unter jeden langen Vokal einen Strich.

Käse – Kessel ❖ Wissen – Wiesel ❖ Chinesin – Prinzessin ❖ Lasso – lose

niesen – Hornissen ❖ Rose – Rösser ❖ Dusel – Dussel ❖ Essen – Esel

Im Wortstamm steht vor einem Mitlaut nie ss.

6 Setze die Tätigkeitswörter (Verben) in der richtigen Form in die Lücken.

1. Ein Elefant **vergisst** nichts. (vergessen) 2. Was .... du da Leckeres? (essen) 3. Was .... ihr über den Bussard? (wissen) 4. Das T-Shirt .... mir nicht. (passen) 5. Sie haben sich ge................. (hassen) 6. .... euch auf mich! (verlassen) 7. .... du noch lange arbeiten? (müssen)

7 Setze die ss-Wörter zusammen und schreibe sie in dein Heft.

Pass	Nuss	Press		Pferd	Knacker	Foto
Bass	Fluss	Fress		Span	Geige	Paket

Beispiel: Passfoto, ...

Auf-ge-pass-t: Den Wortstamm erhält man, wenn man Vor- und Nachsilben, Endungen und angefügte Wörter streicht.

s-Laute: s, ss und ß

8 „Zaubere" ss-Wörter durch Nachsilben klein.

-chen   -lein   -bar   -lich

Tasse	Tässchen	verlassen	verlässlich
Fass	....	hassen	....
Nuss	....	essen	....
Schloss	....	vergessen	....

9 Diese Wortstämme kannst du unverändert in die verschiedenen Lücken einsetzen. Achte auf Groß- und Kleinschreibung.

KASS   Wo ist die (Kass)iererin? Leihst du mir deine Musik ( )ette?

PASS PÄSS   Was ist ( )iert? Die Reise ( )e sind weg!

Wir haben das Schiff ver ( )t!

Hat jemand einen Kom ( ) dabei?

LASS LÄSS   Seid zuver ( )ig, ( )t bald von euch hören!

PRESS   Eine ausge ( )te Zitrone, bitte. Schnell, es ( )iert!

Lerntipp:
ss bleibt in gleichen Wortstämmen unverändert.
Pass, passiert, Reisepass, aufpassen, unpässlich, passabel, Kompass

Kommissar McBird *kompromisslos* in geheimer *Mission*

s-Laute: s, ss und ß

> **Lerntipp:**
> Mit einfachem s schreibt man einen stimmlos gesprochenen s-Laut:
> - nach unbetontem Selbstlaut, wie in *Musik, Rosine, Museum, alles*
> - vor einem Mitlaut, der zum Wortstamm gehört: *Hast, hastig, hasten*
> - immer nach einem Mitlaut, wie in *nichts, Hals, eins*

10 Ergänze ss oder s und setze einen Punkt unter den betonten Selbstlaut.

Mu[s]ik   mü[ ]en   Mu[ ]eum   kü[ ]en   Ku[ ]inen

11 a Baue diese s-Wörter zu Verben um und kreise die Wortstämme ein.

Nest • **Bast** • **Rost** • **Hast** • **Maske** • **Rast** • **Kost**

(nist)en, ...

....

b Was musst du vor dem Mitlaut einsetzen: ss oder s?

Ast   Ä......te   Kä......tchen   ö......tlich   wi......pern   kni......tern

flü......tern   am be......ten   lu......tig   Po......t   Fe......tsaal

12 Markiere: In welchen Wörtern kommt der s-Laut nach einem Mitlaut?

Sonst trägt Hund Fips den Schlips um seinen Hals mit großem Stolz. Doch heute bekam er einen Klaps. Der Nichtsnutz ist mit seinem Freund, dem Mops, über Kais Schreibtisch getapst, hat den Papierkorb umgerissen und die Schnipsel im Zimmer verstreut.

Das ist des *Rätsels* Lösung:
nach Mitlaut nie ss!

s-Laute: s, ss und ß

> **Lerntipp:**
> Wenn du nicht weißt, ob man ein Wort mit ss schreibt, dann suche ein verwandtes Wort oder mache die Verlängerungsprobe: „Verlängere" das Wort so, dass hinter dem s-Laut ein Selbstlaut folgt.
> *Biss – Bisse, Hass – hassen, nass – nasser, Fass – Fässer*

13 a Bilde zu jedem markierten Wortteil die Mehrzahl (Plural).

bisschen   Bassgitarre   Schlossgarten   Salzfässchen   Nusskuchen   Abfluss

Bisse, ...

b Hier verrät dir die Grundform (Infinitiv) die richtige Schreibweise.

vergesslich   vermisst   hässlich   Messbecher   unfassbar   müsstest

vergessen, ...

14 *Frist* oder *frisst*? Das ist hier die Frage. Ergänze die Wortlücken.

FRIST	Die Leihfrist ist abgelaufen. Der Tiger f............ mir aus	FRISST
HAST	der Hand. Anna hat warme Milch immer geh.............	HASST
KÜSTE	Esst nicht so h............ig! Wir sehen uns f............ täglich. Beim Umzug haben alle kräftig mit angef............ . Er	KÜSSTE
FAST	i............ mit großem Genuss. Das i............ gut so. Ich	FASST
IST	k............ sie zum Abschied. Albatrosse nisten an der K............ .	ISST

Man *ist* eben wie man *isst*!

s-Laute: s, ss und ß

> **Merke dir:** Bestimmte Wörter auf *-is*, *-as*, *-os* und *-us* schreibt man in der Einzahl mit s, in der Mehrzahl mit ss.
> Dazu gehören auch alle Wörter mit der Nachsilbe *-nis*.
>
> **Beispiele:** Bus – Busse, Krokus – Krokusse, Atlas – Atlasse/Atlanten
> Zeugnis – Zeugnisse, Ergebnis – Ergebnisse, Ereignis – Ereignisse

15 Setze die Namenwörter in die Mehrzahl (Plural).

Rhinozeros — Rhinozerosse

Iltis — ....

Zirkus — ....

Atlas — ....

Wagnis — ....

16 Bilde in deinem Heft Namenwörter mit *-nis* und setze jedes in die Mehrzahl.

fangen ❖ **geheim** ❖ **erleben** ❖ **geschehen** ❖ **missverstehen** ❖ **hindern**

Beispiel: Gefängnis – Gefängnisse

17 Was fehlt hier: ss oder s? Tipp: Das einfache s kommt dreimal vor.

Im Zirkus „Hokuspokus" gibt die Prinzessin dem Clown einen Ku....... .

Rhinozero.......e und Walro.......e sind nicht miteinander verwandt. Der Mop.......

hat den Kürbi....... angebi.......en! Du hast deine Rechtschreibkenntni.......e

verbe......ert! Das haben Bo.......e und Bu.......e nur im Plural gemeinsam: ....

Aufgepasst: Gleich seht ihr einen *Zirkus-Kuss*!

Lösungen 1 — Verwechselbare Konsonanten

Beim Lerntest kannst du 20 Punkte erreichen

20 oder 19 Punkte: Einwandfrei. Du hast prima geübt.
18 bis 15 Punkte: Das sieht schon gut aus. Du solltest aber einige der Übungen, die du nicht so gut konntest, wiederholen.
14 bis 10 Punkte: Du musst noch etwas mehr tun. Prüfe, bei welchem Kapitel du die meisten Schwierigkeiten hattest.
weniger als 10 Punkte: Ein guter Rat – bearbeite alle Übungen noch einmal in Ruhe, schreibe langsam und sauber. Kontrolliere wiederholt deine Antworten.

S. 3 / 1 Flitzefix, Hexe, Echse, flugs, sechs, Kleckse, Max, verflixt, Keks, unterwegs, Felix, Jux, Luchs, Mucks

S. 4 / 2 Wörter mit *x*: fix, Hexe, Fax, Jux; Wörter mit *chs*: Büchse, Echse, Wachs, Luchs; Wörter mit *cks*: Knicks, Kleckse, Klacks, Mucks; Wörter mit *ks*: Keks, Koks, links, piksen; Wörter mit *gs*: Angst, unterwegs, flugs, längst

S. 4 / 3 1. TAXI, 2. BOXEN, 3. NIXE, 4. JUX, 5. AXT, 6. MIXER

S. 5 / 4 Fuchs, Luchs, Lachs, Dachs, Ochse, Eidechse, sechse

S. 5 / 5 aufwachsen, gewachsen, Gewächs, Gewächshaus, Wildwuchs, Zuwachs, zuwachsen, nachwachsen, Nachwuchs, erwachsen, Erwachsene, kleinwüchsig, Halbwüchsige, wachsen, Wachstum, Wuchs, wuchsen

S. 5 / 6 Wachskerze, Wachsmalkreide, Wachstuch, wachsweich, Bohnerwachs, Skiwachs, Wachsfigur, Bienenwachs

S. 6 / 7 *ks:* Murks, links, Keks, Koks, piksen, staksig; *gs:* unterwegs, du fliegst, längst, wenigstens, Pfingsten, mittags; *cks:* Knicks, schnurstracks, Knacks, hinterrücks, mucksmäuschenstill

S. 6 / 8 Schmetterlingsflügel, Glücksschwein, Volkspark, Frühlingsluft, Lieblingsfarbe

S. 7 / 9 *V/v*-Wörter mit *f*-Laut: vier, davon, Vogel, Vers, Vater, Verein, Vieh, oliv, brav, Detektiv, Vorsicht, Verwandte, vergessen, vorher, Vorderzahn

V/v-Wörter mit *w*-Laut: Klavier, Lava, Vulkan, Vanille, Video, Verb, Olive, bravo, Pullover, Ventil, Lokomotive, Vitamin, Lavendel, Violine, Veranda

Lösungen 2 — Verwechselbare Konsonanten

S. 8 / 10 — <u>Lösung:</u> **V**

S. 8 / 11 — 1. (vom Himmel) **f**iel, **v**iel (Glück), 2. **v**erfiel, ge**f**iel, **v**iel (besser), 3. (Wir) **f**ielen

S. 8 / 12 — gefallen, umfallen, ausfallen, einfallen, auffallen, durchfallen, hinfallen, missfallen
<u>Beispielsätze:</u>
gefallen: Der Film **gefiel** mir nicht besonders.
umfallen: Wir **fielen** fast **um** vor Lachen.
ausfallen: Wegen des Dauerregens **fiel** das Sportfest **aus**.
einfallen: Zum Glück **fiel** mir die richtige Lösung **ein**.
auffallen: Lottas kupferrotes Haar **fiel** überall **auf**.
durchfallen: Dieses Jahr **fiel** kein einziger Schüler **durch**.
hinfallen: Der Dieb stolperte und **fiel** der Länge nach **hin**.
missfallen: Der Umbau des Schulhofs **missfiel** den Schülern.

S. 9 / 13 — vielseitig, vielfach, vielmals, vielleicht, vielfältig

S. 9 / 14 — 1. **voll**kommen, 2. **völl**ig, 3. **Füll**federhalter, 4. ge**füll**t, 5. **voll**, 6. **voll**, 7. **voll**ständig, 8. **Fülle**, **voll**

S. 9 / 15 — <u>links:</u> verschreiben, verlassen, versorgen, verstellen, verfahren, versprechen
<u>rechts:</u> vorschreiben, vorlassen, vorsorgen, vorstellen, vorfahren, vorsprechen

S. 10 / 16 — **V**etter, **V**erwandten, **v**orstellen, **F**uchs, **v**ersorge, **f**ielen, **v**iele, **V**itamine, davon, **v**erfärben, **V**orderzähne, **w**armen, Pullo**v**er, **V**ollmond, **V**eranda, **V**iertelstunde, Kla**v**ier, **v**erlassen, **F**ledermäuse, La**v**endel, **v**erfallenen, **v**ergiss, bra**v**er, **V**ampir, **v**ier, **V**iele

S. 11 / 17 — Tro**pf**en, **f**allen, **F**arngewächsen, **F**erne, du**mpf**es, **h**eftigen, da**mpf**t, **f**eucht-warme, Su**mpf**landschaft, sta**mpf**t/sta**pf**t, Fuß**stapf**en, tie**f**, **Pf**lanzenfresser, **F**utterplätzen, Köp**f**e, Baumwi**pf**el, stu**mpf**en, ru**pf**en, ge**f**leckten, hü**pf**en, Trampel**pf**ad

S. 12 / 18 — Pfropfen, Pfeffer, Pferd, Pflaster, pflegen, Pflicht

S. 12 / 19 — Höhen**flug**, **Fund**büro, **fand**, **Feile**, **Faden**

S. 12 / 20 — **Pf**ütze, **Pf**eil, **F**eile, **V**eilchen, Strophe

Lösungen 3   Verwechselbare Konsonanten/s-Laute: s, ss und ß

S. 13 / 21 a gegen den Uhrzeigersinn: **qu**aken, **qu**asseln, **qu**engeln, **qu**atschen, **qu**äken, **qu**ieken, **qu**ietschen

b gequakt, gequasselt, gequengelt, gequatscht, gequäkt, gequiekt, gequietscht

S. 13 / 22 Quiz, Quartett, Qualm, bequem, Quirl, quetschen

S. 14 / 23 a, b Kaulquappe, Quacksalber, Quecksilber, Feuerqualle, Quittengelee

S. 14 / 24 Ein Aquamarin ist ein hellblauer bis meergrüner Edel**stein**.
Ein Aquarell ist ein mit Wasser**farben** gemaltes **Bild**.

S. 15 / 25 Ge**st**ohlen, **St**rolch, **Sp**orttasche, gedu**scht**, er**sp**arte, einge**st**eckt, vorbeigehu**scht**, **sp**ähte, **Sp**ort**st**adions, **Sp**ur, **Sp**aß, Enttäu**scht**, **st**reifte, **St**rickhemd, **st**ieg, **St**iefel, Überra**scht**, ge**sp**ürt, **st**eckte, **St**rumpf, **Sp**iel, ge**st**opft

Lerntest
S. 16 / 1 He**x**en, Ni**x**en, An**gst**, Ke**ks**, wa**chs**weich, Kni**cks** `6`

2 **V**ielleicht, **v**iel (Glück), (Der Apfel) **f**iel, **V**iele (Goldtaler) **f**ielen, (Welche Zirkusnummer) ge**f**iel (dir) `6`

3 Lanze – **Pf**lanze, Butter – **F**utter, Herd – **Pf**erd `3`

4 **s**pät, **St**eter, **St**ein, wi**sch**ten, mi**sch**ten `5`

S. 17 / 1 <u>Wörter mit s:</u> Matrosen, ist, Dose, Rosige, erlöst
<u>Wörter mit ss:</u> Wasservorrat, essen, bessern, Flossen, Schluss
<u>Wörter mit ß:</u> Schweiß, fließt, bloß, Floß, Große

S. 18 / 2 Hase, lesen, Kiesel, winseln, Reisig, Schimpansen, grinsen, Pause

S. 18 / 3 Vase, Riese, Gemüse, weiser, reisen, Reisig, lose, Lösung

S. 19 / 4 <u>Wörter mit s:</u> Haus, los, Bus, Ast, Dienst, husten
<u>Wörter mit ss:</u> Schluss, nass, Tasse, Wasser, Riss, essen
<u>Wörter mit ß:</u> Straße, Größe, bloß, Strauß, Grieß, Fleiß

S. 20 / 5 <u>kurzer, betonter Vokal vor dem s-Laut:</u> Kessel, Wissen, Prinzessin, Lasso, Hornissen, Rösser, Dussel, Essen
<u>langer Vokal vor dem s-Laut:</u> Käse, Wiesel, Chinesin, lose, niesen, Rose, Dusel, Esel

Lösungen 4   s-Laute: s, ss und ß

S. 20 / 6 — 1. vergisst, 2. isst, 3. wisst, 4. passt, 5. gehasst, 6. Verlasst, 7. Musst

S. 20 / 7 — Passfoto, Nussknacker, Pressspan, Bassgeige, Flusspferd, Fresspaket

S. 21 / 8 — Tässchen/Tässlein, Fässchen/Fässlein, Nüsschen/Nüsslein, Schlösschen/Schlösslein; verlässlich, hässlich, essbar, vergesslich

S. 21 / 9 — **Kass**iererin, Musik**kass**ette, **pass**iert, Reise**päss**e, ver**pass**t, Kom**pass**, zuver**läss**ig, **lass**t, ausge**press**te, **press**iert

S. 22 / 10 — Mus̩ik, mü̩ss̩en, Mus̩eum, kü̩ss̩en, Kus̩inen

S. 22 / 11 a — ni<u>st</u>en, ba<u>st</u>eln, ro<u>st</u>en, ha<u>st</u>en, ma<u>sk</u>ieren, ra<u>st</u>en, ko<u>st</u>en

b — Ast, Äste, Kästchen, östlich, wispern, knistern, flüstern, am besten, lustig, Post, Festsaal

S. 22 / 12 — So**ns**t, Fi**ps**, Schli**ps**, Ha**ls**, Kla**ps**, Nich**ts**nutz, Mo**ps**, geta**ps**t, Schni**ps**el

S. 23 / 13 a — Bisse, Bässe, Schlösser, Fässer, Nüsse, Flüsse

b — vergessen, vermissen, hassen, messen, fassen, müssen

S. 23 / 14 — Leih**frist**, (Der Tiger) **frisst**, ge**hasst**, **hast**ig, **fast** (täglich), ange**fasst**, (Er) **isst**, Das **ist**, (Ich) **küsste**, (an der) **Küste**

S. 24 / 15 — Rhinozerosse, Iltisse, Zirkusse, Atlasse (auch: Atlanten), Wagnisse

S. 24 / 16 — Gefäng**nis** – Gefäng**nisse**, Geheim**nis** – Geheim**nisse**, Erleb**nis** – Erleb**nisse**, Gescheh**nis** – Gescheh**nisse**, Missverständ**nis** – Missverständ**nisse**, Hinder**nis** – Hinder**nisse**

S. 24 / 17 — Zirku**s**, Ku**ss**, Rhinozero**ss**e, Walro**ss**e, Mop**s**, Kürbi**s**, angebi**ss**en, Rechtschreibkenntni**ss**e, verbe**ss**ert, Bo**ss**e, Bu**ss**e, **ss**

S. 25 / 18 — Maß, saß, fraß – versüßen – heiß, Fleiß – gießen, schließen

S. 25 / 19 — <u>ß nach langem Vokal:</u> Vanille**so**ße, Weizengr**ie**ß, r**u**ßgeschwärzt
<u>ß nach langem Umlaut:</u> Trinkgef**ä**ß, F**ü**ßchen
<u>ß nach Zwielaut:</u> H**ei**ßhunger, schnee**wei**ß, Blumenstr**au**ß

S. 25 / 20 — <u>ß-Wörter:</u> reißen, heißen, Größe, Gruß, fließen, Fuß, Stoß, Spaß

Lösungen 5 — s-Laute: s, ss und ß / Wörter mit k/ck und z/tz

S. 26 / 21 schließen – wissen, er wusste – er reißt, er riss, der Riss – er isst, er aß – er genießt, genossen, der Genuss

S. 26 / 22 **Spröss**ling, **sprieß**en, Sommer**spross**en – Ab**reiß**kalender, **Reiß**verschluss, zer**riss**en, hin**reiß**end – Viel**fraß**, Alles**fress**er, ge**fräß**ig – **beiß**en, Lecker**biss**en, **biss**chen – **Schließ**fach, **Schluss**verkauf, ge**schloss**en

S. 26 / 23 außen, aus, bloß, los, verließ, Draußen

S. 27 / 24 Süßkartoffeln, Großtante, Maßband, Spaßvogel, Weißglut, Gießkanne, Beißzange, Schweißperle

S. 27 / 25 1. **lassen** – ließ, 2. **lesen** – Lies, 3. **blasen** – blies, 4. **wissen** – Weißt, 5. **weisen** – weist, 6. **reißen** – reißt, 7. **verreisen** – Verreist, 8. **genießen** – Genießt

S. 28 / 26 1. **das** (gefällt), **das** (sieht), 2. **das** (passt), 3. (sicher,) **dass**, 4. **dass**

S. 28 / 27 Das Buch von Erich Kästner, das du mir geliehen hast, ist toll!
Gib gut acht auf das Geld, dass es dir im Zug niemand stiehlt!
Wir heften uns an seine Fersen, dass uns der Gauner nicht entwischt.
Vergiss nicht das Losungswort, das wir vereinbart haben: Parole Emil.

Lerntest

S. 30 / 1 fließen, reißen, küssen, fressen — **4**

2 Erlebnisse, Busse — **2**

3 (Dieb) gefasst, fast (erwischt), hastig, (ein) bisschen, (Was) frisst — **5**

4 Fuß (Füße), blies (blasen), Häschen (Hase), saß (sie saßen), Gras (im Grase/grasen/Gräser), fraß (sie fraßen/gefräßig) — **6**

5 (hat) **das** … – (die Daumen,) **dass** … – (Ich weiß,) **dass** … — **3**

S. 31 / 1 Der Nacken, die Locke, die Mücke(n), die Ecke(n), die Tücke, die Lücke(n)

S. 32 / 2
<u>-ck:</u> Schluck, Schmuck, Stock, Pflock, Fleck, Zweck, Stück, zurück
<u>-cken:</u> schmecken, spucken, knicken, zwicken, hocken, locken, bücken, drücken
<u>-cker:</u> Acker, Bäcker, locker, lecker, Wecker, Hocker, Stecker, Zucker

Lösungen 6 — Wörter mit k/ck und z/tz

S. 32 / 3 von links nach rechts gelesen: 1. Schnecken, 2. Dackel, 3. Wecker, 4. blicken, 5. Backe, 6. Rock; von oben nach unten gelesen: 7. Socken, 8. Decke, 9. eckig, 10. Acker, 11. necken, 12. Haruck

S. 33 / 4 von oben nach unten: EKEL, KÜKEN, KROKUSSE, SCHOKOKEKS, SCHAUKELPFERD, APOTHEKERINNEN
Lösungswort: SUPER

S. 33 / 5 a, b L**a**ken, P**au**ke, K**e**kse, L**u**ke, Mus**i**k, Fabr**i**k, p**i**ksen, sp**u**ken

S. 34 / 6 schre**ck**liche, erschro**ck**en, schra**k**en, erschre**ck**st, erschra**k**

S. 34 / 7 a, b **Päck**chen – Pak**e**t, **Schock** – Schokol**a**de, ver**lock**en – Lokot**i**ve, **back**en – Rak**e**te, **reck**en – Rek**o**rd, **Lock**e – Lok**a**l, **Lack** – Plak**a**t, **tick**en – Pl**a**stik, **nick**en – P**a**nik, **Stock** – Vok**a**l

S. 34 / 8 Glü**ck**es, Sa**ck**, Schme**ck**t, Knä**ck**ebrot, Fabr**i**k, Bä**ck**er, Spe**ck**, Tri**ck**s, Tü**ck**e, Mü**ck**e, Pan**i**k, Pau**k**e

S. 35 / 9 a ent**deck**te, **Kuckuck**sei, Ver**steck**, **lock**en, **meck**erte, **Glück**spilz, Er**schrock**en, er**blick**te, **buck**liges, **tück**isch, **bück**te

b KUCKUCKSEI, LOCKVOGEL, HUCKEPACK, DECKMANTEL, BÜCKLING

S. 36 / 10 ge**pack**ten, ent**deck**t, ge**neck**t, ver**rück**t

S. 36 / 11 (im) **Dunkel**n, (durch den) **Park**, (Fledermäusen) **winken**, **Wolken**schäfchen, (Taschenlampe) **blinken**, (ins Bett) **sinken**

S. 37 / 12 Platz, Schatz – Hitze, Witze – zuletzt, du setzt

S. 37 / 13 Ho**tz**enplo**tz** – **O**zean, d**u**tzend – d**u**zen, s**i**tzen – s**ie**zen, bru**tz**eln – Br**e**zel, Nu**tz**en – Not**i**z, Schni**tz**el – Schn**au**ze

S. 37 / 14 Sp**a**tzen – spaz**ie**ren, pl**ö**tzlich – Poliz**i**st, he**tz**en – De**z**ember, Matr**a**tze – Medi**z**in

S. 37 / 15 Katzen, kratzen, Tatzen, plötzlich, Matratzen, Hatz, Spatzenfratzen

Lösungen 7 — Wörter mit k/ck und z/tz / Zeichensetzung

S. 38 / 16 a schwatzen, schluchzen, Käuzchen, jauchzen, zetern, Rohrspatz, krächzen, stibitzen, spreizen, kratzen, Katze, flitzen, Spitzmaus, stolzieren, Platzhirsch, schmatzen, Warzenschwein

b Lösung: du warst Spitze!

Lerntest

S. 40 / 1 packen, lockt, Küken, Decken, Laken, Wolkenwiese, (Wald) spukt, (Lama) spuckt, Rakete, Musik **10**

2 Hitze, heizen, Märzen, Medizin, Spaziergänger, Spatzen, Ozeandampfer, zuletzt, Plötzlich, Polizisten **10**

S. 41 / 1 a KUMPEL // AN // ZOO // TIERPFLEGER // ZU // KÄFIG // STRASSE // VERFOLGEN //

b Die passenden Textstellen: 1. Das Pandababy, 2. Punkt neun Uhr, 3. als Tierpfleger, 4. Hunderte Kids sind auf der Straße.

S. 42 / 2 Tierdieb! – Zoo. – los? – Flucht. – Arm. – ab. – Fall? – stehlen. – nicht! – ist. – vorstellen? – bedroht! – herum. – mal!

S. 43 / 3 1. Grizzlys, Eisbären **und** Braunbären 2. Koalas, Kängurus **und** Beutelratten 3. Tiger, Pumas **und** Luchse 4. Säbelzahntiger, Dinos **und** Mammuts

S. 43 / 4 Blaubeerpfannkuchen, Eis mit Himbeeren **oder** Waffeln – Vögel, Reptilien, Insekten **oder** Säugetiere – lernen, im Garten helfen **oder** spazieren gehen – telefonieren, fernsehen **oder** lesen

S. 44 / 5 a „Ich muss sofort ans Telefon!" – „Du siehst ja, dass ich gerade telefoniere." – „Bitte Sven, gib mir den Hörer!" – „Warum kannst du nicht warten, bis ich mit meinem Gespräch fertig bin?"

b Dirk rannte die Treppe hinunter und rief: – Sein älterer Bruder antwortete gereizt: – Dirk bat: – Erstaunt fragte Sven:

S. 44 / 6 … bohrte: – … japste: – … sprach in den Apparat: – … fragte er Dirk: – … antwortete dieser:

S. 45 / 7 „Mama, darf ich noch ein bisschen im Bett lesen?" – „Kind, weißt du, wie spät es ist?" – „Nur so lange bis ich einschlafe!" – „Na gut, aber keine Sekunde länger!"

Lösungen 8 — Zeichensetzung

S. 45 / 8 a, b
<u>Redebegleitsätze:</u> Jasmin berichtet: – Sie fährt fort: – Sie fragt den Vater: – Er antwortet:
<u>Wörtliche Rede:</u> „Meine Hausaufgaben sind fertig." – „Sunai hat Freikarten für den Zirkus." – „Darf ich jetzt mit ihr hingehen?" – „Seid aber zum Abendessen wieder hier!"

S. 45 / 9
Viktor fragt: „Warum sind Pandabären ... bedroht**?**"
Dirk antwortet: „Ein Panda braucht ... Bambuswälder**.**"
Viktor ruft: „Dann müssen sie ja verhungern**!**"
Dirk beschwichtigt ihn: „Man versucht ... Bambusgehege bringt**.**"

S. 46 / 10
1. „Wir gehen in die Bücherei<u>",</u> antwortet Lilli. 2. „Da muss ich auch hin<u>",</u> erwidert Sunai. 3. „Weißt du, dass jemand unseren Panda entführen wollte<u>?",</u> fragt Viktor. 4. „Na klar, Sunai hat dem Dieb ja ein Bein gestellt<u>!",</u> ruft Lilli.

S. 46 / 11
„Seit ... Wochen versuche ich, ... auszuleihen!", ruft Sunai aus. „Der wird heute abgegeben", sagt Viktor grinsend. Verblüfft fragt Sunai: „Woher willst du das wissen?" „Weil der gute Harry hier drin ist", feixt er. (Oder: „Weil der gute Harry hier drin ist!", ...)

S. 47 / 12
Es spricht der Dachs: „Heut´ speise ich Lachs." „Da kommt eine Welle", seufzt die Forelle. „Bin ich nicht schlauer als der Fuchs?", fragt der Luchs. Da brüllt der Tiger: „Ich bin Sieger!"

S. 47 / 13
„Zieh mich heraus!", bat das Brot. „Schüttle mich!", flehte der Apfelbaum. „Ihr seid die Schönste hier", sprach der Spiegel. „Kannst du dich in eine Maus verwandeln?", fragte der Kater.

Lerntest

S. 48 / 1
In welche Klasse gehst du? Hört doch auf zu streiten! Der Wetterbericht kündigt Regen an. So ein Pech! **4**

2
Ich habe meinen neuen Bikini, das Geschenk für Sunai, mein Malzeug **und** meinen Kuschelbären eingepackt. **3**

3 a, b
Stefan ruft: „So eine Gemeinheit!" – „Wer hat mein Geld geklaut?", fragt er. – „Das Geld steckte im Stiefel", lacht Stefan. **3**

4
Max und Luca verfolgen gespannt das Basketballspiel. „Woher hast du eigentlich die tollen Platzkarten?", fragt Luca plötzlich. „Die habe ich von meinen großen Brüdern", antwortet Max. „Wo sind die beiden denn?", forscht Luca weiter. Max gesteht: „Ich weiß es nicht. Wahrscheinlich sind sie zu Hause und suchen die Karten." **10**

s-Laute: s, ss und ß

ß oder s?

> **Merke dir:** Mit „scharfem" ß schreibt man den stimmlosen s-Laut nach langem Selbstlaut, nach langem Umlaut und nach Zwielaut, wenn es kein verwandtes Wort mit einfachem s gibt.
>
> **Beispiele:** *Spaß, Sträßchen, Fleiß, Strauß;* aber: *Gras, Häschen, Preis, Maus*

18 Bilde Reimwörter mit *ß*.

Spaß, Maß, s............, fr............   **grüßen**, vers..................

weiß, h............, Fl............   **sprießen**, g..................., schl..................

19 Gib jedem Kasten und den dazugehörigen Wörtern eine eigene Farbe.

| ß nach langem Vokal | ß nach langem Umlaut | ß nach Zwielaut |

Heißhunger   Vanillesoße   Trinkgefäß   Weizengrieß
schneeweiß   rußgeschwärzt   Füßchen   Blumenstrauß

20 Welche Wörter im Magen der Boa schreibt man mit *ß*? Markiere sie farbig.
Tipp: Lies die Wörter laut und achte auf die Länge der Selbstlaute (Vokale).

REISSEN WISSEN HEISSEN FÄSSER GRÖSSE GRUSS GUSS FLIESSEN FLUSS FUSS STUSS STOSS SPASS PASS

reißen, ...

Ich finde, das „scharfe" ß verdirbt den *Spaß* nicht, sondern gibt ihm die richtige Würze!

s-Laute: s, ss und ß

> **Merke dir:** Wenn sich der lange Selbstlaut vor ß in einen kurzen verwandelt, dann wird ß zu ss.
>
> **Beispiele:** *Wasser flie<u>ß</u>t – Wasser flo<u>ss</u> – Wasser ist flü<u>ss</u>ig*

21 Wie heißen die fehlenden Verbformen mit ss oder ß? Setze sie ein.

schließen	er schließt	er schloss	geschlossen	der Schluss
....	er weiß	er	gewusst	das Wissen
reißen	er	er	gerissen	der ....
essen	er	er	gegessen	das Essen
genießen	er	er genoss	....	der ....

22 Markiere verwandte Wörter mit derselben Farbe. (Fünf Wortfamilien)

<u>Sprössling</u> ✳ Abreißkalender ✳ Vielfraß ✳ Reißverschluss ✳ beißen ✳ <u>sprießen</u> ✳ <u>zerrissen</u> ✳ Schließfach ✳ Schlussverkauf ✳ hinreißend ✳ Allesfresser ✳ <u>Sommersprossen</u> ✳ geschlossen ✳ Leckerbissen ✳ gefräßig ✳ bisschen

23 Ergänze die Satzlücken mit den passenden Wörtern.

> **bloß** ✤ **außen** ✤ **draußen** ✤ **(er) verließ** ✤ **los** ✤ **aus** ✤ **raus** ✤ **(das) Verlies**

Das Gegenteil von *innen* ist *außen*. Wir gehen da täglich ein und .... Was hast du b........ ? Der Löwe ist l......... ! Der Detektiv v................. sich ganz auf seine Spürnase. D................. ist ganz scheußliches Wetter.

Igitt! Für einen *Genieß*er wie mich hat *Niespulver* nichts mit *Genuss* zu tun.

s-Laute: s, ss und ß

Im Wortstamm steht vor einem Mitlaut nie ß.

24 Das ß ist richtig – trotzdem stimmt etwas nicht mit diesen Wörtern. Setze sie in deinem Heft neu zusammen.

Süßvogel   Weißkanne
Großglut   Gießband
Maßtante   Beißperle
Spaßkartoffeln   Schweißzange

Ich bin nun mal ein Süßvogel, Großvogel, Maßvogel, Spaßvogel!

Beispiele: Süßkartoffeln, Großtante…

> **Lerntipp:**
> ß und stimmloses s klingen gleich, wie in *Fleiß – Preis, (er) beißt – Geist*.
> Suche ein verwandtes Wort oder mache die Verlängerungsprobe.
> *Fleiß – fleißig, Preis – Preise, beißt – beißen, Geist – Geister*

25 ß oder s? Suche zu jedem Lückenwort die Grundform und setze dann den richtigen Buchstaben ein.

1. Sie ließ alles liegen. (lassen) 2. Lie.... dieses Buch! (......................)

3. Der Wind blie.... heftig. (......................) 4. Wei....t du das? (......................)

5. Wohin wei....t das Schild? (......................) 6. Sie rei....t die Tür auf. (......................)

7. Verrei....t ihr? (......................) 8. Genie....t eure Ferien! (......................)

Klar wie *Kloß-brühe*: Wörter wie *Trost, hust-en, meist-ens, Fäust-ling* schreibe ich mit einfachem *s*. Denn das *t* dahinter gehört zum Wortstamm.

s-Laute: s, ss und ß

das oder dass?

> **Merke dir:** Man schreibt *das*, wenn man stattdessen auch *dies, dieses* oder *welches* einsetzen könnte.
> *dass* ist ein Bindewort, es kann Sätze verbinden. Manchmal lässt *dass* sich durch *damit* ersetzen.
>
> **Beispiele:** *Aufgeben, so kurz vor dem Ziel? Nein, das kam nicht in Frage!*
> *„Trink ab und zu einen Schluck, dass du während der Zugfahrt nicht einschläfst!", riet Frau Tischbein und hielt Emil die Thermoskanne hin.*

26 *das* oder *dass*? Mit Emil und den Detektiven:

1. „Das gefällt mir nicht, das gefällt mir nicht", jammerte Großmama ein ums andere Mal, „............ sieht ihm doch gar nicht ähnlich!"

2. „Dass Emil uns versetzt?", fragte Pony Hütchen. „Nee, ... passt nicht zu ihm. 3. Bist du sicher, ... das der richtige Bahnsteig ist?" 4. „Wie sollen wir seiner Mutter erklären, ... er gar nicht angekommen ist?"

27 Verbinde mit deinem Stift die Sätze.

Das Buch von Erich Kästner,	dass es dir im Zug niemand stiehlt!
Gib gut acht auf das Geld,	das wir vereinbart haben: Parole Emil.
Wir heften uns an seine Fersen,	das du mir geliehen hast, ist toll!
Vergiss nicht das Losungswort,	dass uns der Gauner nicht entwischt.

Darf das das?
Das darf das!
Dass das das darf...

Lerntipps

Tipps zur Gestaltung der Lernumgebung

Wie und wo man lernt, kann einen großen Einfluss auf den Lernfolg haben. Es gibt jedoch verschiedene Lernertypen. Finde heraus, was für ein Typ du bist, und versuche dann, so zu lernen, wie es für dich am besten ist.

- **Schreibtisch**
Ein ordentlicher Schreibtisch, auf dem alles bereit liegt, was man beim Lernen braucht, erleichtert vielen das Lernen.
Wenn du nicht zu dem Typ „zerstreuter Professor" gehörst, der am besten im Chaos arbeitet, räume also deinen Schreibtisch immer auf, bevor du mit dem Lernen beginnst.

- **Ruhe**
Die meisten Menschen können sich bei Ruhe besser konzentrieren. Manchen fällt das Lernen jedoch bei einer besonderen Musik (z. B. bei klassischer Musik) leichter. Versuche daher, störende Geräusche abzuschalten (Fenster zu, nicht im Garten oder auf dem Balkon lernen, Radio aus) und höre nur leise Musik, die deine Konzentration fördert.

- **Bequemlichkeit**
Sitze so, wie du dich am wohlsten fühlst, ohne dabei müde zu werden. Eine für das Lernen günstige Position könnte sein: gerades Sitzen auf einem guten Schreibtischstuhl oder bewegliches Sitzen auf einem Wippball oder Kniestuhl. Manche Leute bewältigen den Lernstoff aber auch am besten, wenn sie im Zimmer herumlaufen oder im Liegen lernen.

- **Licht**
Sorge beim Lernen immer für ausreichendes Licht. Das Licht sollte möglichst von der Seite (bei Rechtshändern von links, bei Linkshändern von rechts) auf den Arbeitsplatz fallen.

Beim Lernen höre ich nie Musik ...

aber in den Pausen drehe ich dann voll auf.

Lerntest

1. Bilde zu jedem Wort ein Tätigkeitswort in der Grundform (Infinitiv). `4`

Fluss .... Riss ....

Kuss .... Fraß ....

2. Setze die beiden Wörter in die Mehrzahl (Plural): `2`

Erlebnis ♦ Bus

....

3. Setze s oder ss ein. `5`

Wurde der Dieb gefa.........t? Sie hätten ihn fa.........t erwischt.

Nicht so ha.........tig! Warte, bis es dir ein bi.........chen besser geht!

Was fri.........t ein Pandabär?

4. Ergänze s oder ß. `6`
Mache die Verlängerungs- oder die Verwandtschaftsprobe.

Am Fu....... des Berges blie....... ein kalter Wind. Ein Hä.......chen

sa....... dort im Gra....... und fra....... sich satt am grünen Klee.

5. Setze *das* oder *dass* ein. `3`

Uns hat .... am besten gefallen! Ich drücke dir die Daumen,

.... du den Test schaffst. Ich weiß, ... du das kannst.

Du kannst `20 Punkte` **erreichen.**
Du hast erreicht.

Wörter mit k/ck und z/tz

ck oder k?

1 Da hat McBird ein paar Nüsse zu knacken! Aber das kann Spaß machen. Versuche es mit Wortnüssen: In jedem *ck*-Wort steckt noch ein zweites.

knacken   der Nacken   Flocke   ....

schmücken ....   stecken   ....

Stücke   ....   pflücken   ....

> **Merke dir:** *ck* steht nach kurzem, betontem Selbstlaut (Vokal).
> *ck* schreibt man statt *kk*.
>
> **Beispiele:** *Hacke, ich erschrecke, versteckt, schrecklich, Löckchen*

Mit mir ist ja gut Kirschen essen.
Aber ob sich mein Schnabel als *Nussknacker* eignet?

Wörter mit k/ck und z/tz

2 Bilde Wörter mit *ck* und schreibe sie in dein Heft.

-ck		-cken		-cker	
Schlu-	Schmu-	schme-	spu-	A-	Bä-
Sto-	Pflo-	kni-	zwi-	lo-	le-
Fle-	Zwe-	ho-	lo-	We-	Ho-
Stü-	zurü-	bü-	drü-	Ste-	Zu-

Beispiel: Schluck, ...

3 Hier sind viele Wörter mit *ck* versteckt. Kannst du sie finden? Markiere sie.

von links nach rechts gelesen: 1. Kriechtiere mit Haus – 2. kurzbeiniger Hund – 3. Uhr – 4. schauen – 5. Wange – 6. Kleidungsstück

von oben nach unten gelesen: 7. kurze Strümpfe – 8. großes, wärmendes Stück Stoff – 9. nicht rund – 10. Feld – 11. ärgern – 12. Anfeuerungsruf

1. Schnecken
2. ....
3. ....
4. ....
5. ....
6. ....

7. Socken
8. ....
9. ....
10. ....
11. ....
12. ....

S	C	H	N	E	C	K	E	N	O	H
O	Z	W	I	C	K	E	N	E	C	A
C	D	A	C	K	E	L	A	C	K	Ü
K	E	C	K	I	W	E	C	K	E	R
E	C	G	E	G	A	C	K	E	R	Ü
N	K	B	L	I	C	K	E	N	Z	C
A	E	B	A	C	K	E	R	O	C	K

Leckerschmeckerkräcker!

Wörter mit k/ck und z/tz 33

> **Lerntipp:**
> Nach langem Selbstlaut/Umlaut und nach Zwielaut schreibt man k.
> *Ha_k_en, ich erschra_k_, hä_k_eln, quie_k_en, hei_k_el, Schau_k_el*

4 Achtung: Hier geht's von rechts nach links und von unten nach oben.
Lies jedes Wort von hinten nach vorne und finde die passende Zeile dafür.
Die markierten Kästchen ergeben das Lösungswort.

NENNIREKEHTOPA
DREFPLEKUAHCS
SKEKOKOHCS
ESSUKORK
NEKÜK
LEKE

5 a Acht k-Wörter lassen sich aus diesen Wäschestücken bilden.
Schreibe sie auf.

Laken, ...

....

b Unterstreiche in jedem Wort den langen Selbstlaut oder Zwielaut.

Mein Programm für dieses Wochenende:
rä_k_eln, schä_k_ern, po_k_ern, schmö_k_ern...

Wörter mit k/ck und z/tz

6 k oder *ck*? Tipp: Achte auf langen oder kurzen Selbstlaut (Vokal).

„Huch, eine schreckliche Spinne!", kreischte Ina erschro.......en.

Alle schra.......en zusammen. „Wenn du so schreist", warnte Lea,

„erschre.......st du mich und dann schreie ich." Ina erschra...... und schwieg.

7 a Ist das ein *Päckchen* oder ein *Paket*? Schreibt man *ck* oder *k*?
Lies laut und unterstreiche bei jedem Wort den betonten Selbstlaut.

Päckchen – Paket   Locke – Lokal

Schock – Schokolade   Lack – Plakat

verlocken – Lokomotive ticken – Plastik

backen – Rakete   nicken – Panik

recken – Rekord   Stock – Vokal

b Markiere bei den *ck*-Wörtern den Wortstamm farbig.

8 „Sprüche klopfen" – mit *ck* oder *k*. Tipp: *k* kommt dreimal vor.

Jeder ist seines Glückes Schmied. Kaufe nicht die Katze im Sa......... .

Schme........t das Knä........ebrot? Frisch aus der Fabri........, sagt der Bä........er.

Mit Spe........ fängt man Mäuse. Doch mit Tri........s und Tü........e fängt man

eine Mü........e. Keine Pani........ auf der Titanik!

Heute hau´n wir auf die Pau........e!

Abrackern für das Guinness-Buch der Rekorde?
I wo. Seit ich das *c* gestrichen habe,
bin ich schnell wie eine *Rakete*!

Wörter mit k/ck und z/tz 35

Im Wortstamm steht vor einem Mitlaut nie ck.

9 **a** Märchenstunde! Markiere alle Wortstämme, die *ck* enthalten.

Es war einmal ein armer Jäger, der ent<u>deck</u>te im Nest eines Waldkauzes ein goldenes <mark>Kuckuck</mark>sei. „Ach, könnt´ ich doch diesen Goldvogel erjagen!", rief er. „Du kannst ihn aus seinem Versteck locken", meckerte plötzlich ein Stimmlein hinter ihm, „aber nur mit dem Glückspilz, der in diesem Spukwald wächst." Erschrocken wandte er sich um und erblickte ein buckliges Männlein, das ihn tückisch anblinzelte. „Was schenkst du mir, wenn ich dich direkt dorthin führe?", fragte es lauernd. Der Jäger bückte sich zu ihm nieder und sprach: „Alles, was du verlangst."...

b ... Ob das gut ausgeht? Wir werden es nie erfahren. Vom Rest des Märchens sind nur wenige Wörter erhalten – und bei denen hat ein lockerer Vogel die Hälften vertauscht. Setze sie neu zusammen.

KUCKUCKSPACK   K U C K U C K S E I

LOCKEI   L ☐ ☐ ☐ ☐ ☐ ☐ ☐ ☐

HUCKEVOGEL   H ☐ ☐ ☐ ☐ ☐ ☐ ☐ ☐

DECKLING   D ☐ ☐ ☐ ☐ ☐ ☐ ☐ ☐

BÜCKMANTEL   B ☐ ☐ ☐ ☐ ☐ ☐ ☐ ☐

Ich hab's *ge-<u>pack</u>-t*. Der Mitlaut hinter *ck* gehört nicht zum Wortstamm.
Fallen dir Wörter mit *kt* ein?
Ta<u>kt</u>, dire<u>kt</u>, Do<u>kt</u>or, O<u>kt</u>ober ...

Wörter mit k/ck und z/tz

> **Lerntipp:**
> Die Verwandtschaftsprobe klärt oft, ob man *k* oder *ck* schreiben muss.
> *Ru<u>ck</u>sack – Rü<u>ck</u>en, ges<u>ck</u>mackos – schme<u>ck</u>en, Gepä<u>ck</u>netz – pa<u>ck</u>en*

10 Setze die richtigen Formen ein.

packen ◆ **entdecken** ◆ **necken** ◆ **rücken**

Man kann...

...mit Freunden Pakte schließen und auf gepackten Koffern sitzen,

Architekt werden und ent................t werden,

Nektar und Sekt trinken oder ge................t werden,

perfekt sein oder ver................t sein.

> **Lerntipp:**
> Dass *ck* (wie *tz*) nie nach einem Mitlaut steht, kann man sich gereimt gut merken: „Nach *l, n, r* – das weißt du ja – steht nie *tz* und nie *ck*."

11 McBird verrät dir, was er nachts gerne macht. Setze die *k*-Wörter ein.

Wolken ✣ **Dunkel** ✣ **winken** ✣ **blinken** ✣ **sinken** ✣ **Park**

Mit der Miezekatze im Du<u>nk</u>eln tappen, durch den .... spazieren,

den Fledermäusen ...., kleine ....schäfchen zählen,

mit der Taschenlampe ...., beim ersten Hahnenschrei die

Schlafmaske aufsetzen und ins Bett ....

Im Du<u>nk</u>eln ist gut mu<u>nk</u>eln.

Wörter mit k/ck und z/tz 37

tz oder z?

> **Merke dir:** *tz* steht nach kurzem, betontem Selbstlaut (Vokal).
>
> **Beispiele:** *Hitze*, *Spatz*, *plötzlich* – aber *Ozean*, *heizen*, *spazieren*, *März*

12 Bilde Reimwörter mit *tz*.

Spatz	Spitze	jetzt
Platz	H...................	zul................
Sch.............	W....................	du s...............

13 Lies die Wortpaare laut. Markiere mit zwei verschiedenen Farben die kurzen Selbstlaute + *tz* und die langen Selbstlaute + *z*.

Hotzenplotz – Ozean   dutzend – duzen   sitzen – siezen

brutzeln – Brezel   Nutzen – Notiz   Schnitzel – Schnauze

14 Markiere den betonten Selbstlaut und entscheide: *tz* oder *z*?

Spatzen – spazieren   plö......lich – Poli......ist

he......en – De......ember   Matra......e – Medi......in

15 Mc Bird hat ein *tz*-Gedicht geschrieben. Ergänze die Wortlücken.

Katzen kra......en mit den Ta......en,

toben plö......lich auf Matra...... en,

machen Ha...... auf Spa......enfra......en.

> Ich hab´s gemerkt:
> *tz* funktioniert im Prinzip wie *ck*.

Wörter mit k/ck und z/tz

16 a In welche Rolle soll McBird auf dem Maskenball der Tiere schlüpfen?
Ergänze *tz* oder *z*. Tipp: *tz* schreibst du nur nach kurzem Selbstlaut.

schwatzen	wie eine Spott**d**rossel
schluch........en	wie ein Kä**u**........chen
jauch........en	**w**ie eine Nachtigall
........etern	wie ein Rohrsp**a**........
kräch........en	wie eine K**r**ähe
stibi........en	wie eine El**s**ter
mich sprei........en	wie ein Pfau
kra........en	wie eine Ka........e
fli........en	wie eine **S**pi........maus
stol........ieren	wie ein Pla........hirsch
schma........en	wie ein War........**e**nschwein

Ich könnte ...

b Schreibe die markierten Buchstaben der Reihe nach in die Schlusszeile.

Lösung: d ☐ ☐ ☐☐☐☐☐ ☐☐☐☐☐☐ !

Weil einfaches *z* nach langem Selbstlaut steht,
werde ich mich nach all den *Strapaz̲en*
jetzt einfach lang *hinfläz̲en*.

Lerntipps

Tipps zum besseren Lernen

- Schlage im Grundschulwörterbuch (z.B. dem ABC-Detektiv) nach, wenn du unsicher bist, wie ein Wort geschrieben oder getrennt wird. Das Wörterbuch sollte griffbereit an deinem Arbeitsplatz liegen.

- Um das gesuchte Wort zu finden, musst du das Alphabet, also die Reihenfolge der Buchstaben, gut beherrschen. Übe das Alphabet laut in Versform.

  *ABCDEFG,
  HIJKLMNOP,
  QuRSTUVW,
  XYZ – juchhe,
  das ist das ganze ABC.*

- Schlage die Wörter in ihrer Grundform nach: Namenwörter im 1. Fall bzw. in der Einzahl, Tätigkeitswörter in der Grundform und Wie-Wörter in der Grundstufe.

  *Hühner: Huhn
  er trägt: tragen
  höher: hoch*

- Wenn zwei Wörter mit demselben Buchstaben beginnen, entscheidet der zweite Buchstabe über die Reihenfolge, danach entscheidet der dritte Buchstabe u.s.w.

  *Kanz, Kegel...
  Kapuze, Karamell...*

- Beachte, dass ß im Alphabet unter ss eingeordnet ist, ä, ö, ü oder äu unter a, o, u, au.

- Was gleich klingt, wird nicht immer gleich geschrieben. Ein gesprochenes K am Anfang eines Wortes kann auch mit Qu, C oder Ch geschrieben werden, ein gesprochenes Sch auch mit Ch, G oder Sh.

  *Kamin, Quatsch, Cola, Chor...
  Schrank, Chemie, Gelee, Shirt...*

Lerntest

1. *k* oder *ck*? Fülle die Lücken.

Man muss den Stier bei den Hörnern pa........en.

Gackernd lo..........t die Henne ihre kleinen Kü.......en.

Frau Holle breitete De.......en und La........en auf ihrer

Wol......enwiese aus.

In diesem Wald spu........t es!

Vorsicht, das Lama spu.........t manchmal!

Das Rhinozeros rannte wie eine Ra.......ete direkt auf uns zu.

Der Ton macht die Musi........ .

2. Was musst du einsetzen: *z* oder *tz*?

Wie kann man nur bei solcher Hi.........e hei........en?

Im Mär.........en der Bauer die Rösslein einspannt.

Mit 'nem Teelöffel Zucker schmeckt dir jede Medi.......in!

Viele Spa.........iergänger füttern die Spa........en im Park.

O.......eandampfer muss man durch das Hafenbecken lotsen.

Wer zule........t lacht, lacht am besten.

Plö.......lich traten zwei Poli.......isten ins Zimmer.

Du kannst **20 Punkte** erreichen.
Du hast erreicht.

Zeichensetzung

Satzschlusszeichen

1 **a** Dirk ist einem Verbrechen auf der Spur! Er hat einen aufregenden Funkspruch aufgefangen. Doch ohne Satzzeichen ist der Text schwer zu lesen.
Markiere die Stellen, an denen ein Satz endet.

> HE KUMPEL // DAS PANDABABY KOMMT MORGEN UM ACHT UHR AN DIE SCHULKINDER BEGLEITEN ES ZUM ZOO TARNE DICH ALS TIERPFLEGER PUNKT NEUN UHR SCHLAGEN WIR ZU SCHNAPP DIR DEN KÄFIG HUNDERTE KIDS SIND AUF DER STRASSE DIE POLIZEI KANN DICH DESHALB NICHT VERFOLGEN

b Der Polizeibeamte, den Dirk anruft, nimmt die Einzelheiten auf:

1. Wer soll entführt werden? 2. Wann?
3. Wie ist der Kidnapper getarnt?
4. Weshalb ist es schwierig, den Kidnapper zu verfolgen?

Jetzt mach' ich aber mal 'nen *Punkt*.

42 Zeichensetzung

Merke dir: Nach einem Aussagesatz steht ein Punkt. **.**
Nach einem Fragesatz steht ein Fragezeichen. **?**
Nach einem Aufforderungssatz oder Ausruf steht ein Ausrufezeichen. **!**

Beispiele: Aussagesatz: *Pandas fressen Bambussprossen.*
Fragesatz: *Warum sind Pandabären vom Aussterben bedroht?*
Aufforderungssatz: *Rettet die Pandabären!*
Ausruf: *Hurra!*

2 Am nächsten Tag schreiben Jana und Alex diesen Artikel für ihre Schülerzeitung. Setze fehlende Punkte, Frage- und Ausrufezeichen ein.

Haltet den Tierdieb **!**

So schrien gestern hunderte Schüler vor dem Zoo__ Was war los__ Mit Menschenketten hinderten sie einen Mann an der Flucht__ Er trug einen Bambuskäfig unter dem Arm__ Die Polizei hatte zuvor einen Tipp erhalten und führte ihn ab__ Was wissen wir über den Fall__ Eine Schieberbande wollte das Pandababy, ein Geschenk unserer Partnerschüler in Hongkong, stehlen__ Aber nicht aus Tierliebe, glaubt das bloß nicht__ Sondern weil der Pelz des Kerlchens eine Kostbarkeit ist__ Könnt ihr euch diese Gemeinheit vorstellen__ Pandas sind doch vom Aussterben bedroht__ Unser Patenkind kullert jetzt aber mit zwei Artgenossen in seinem Bambusgehege herum__ Besucht ihn dort bald mal__

Punkt, Punkt, Komma, Strich,
fertig ist das Mondgesicht.

Zeichensetzung

Das Komma in der Aufzählung

Merke dir: Wörter oder Wortgruppen einer Aufzählung werden durch Komma getrennt.
Anstelle eines Kommas kann ein Bindewort wie *und* oder *oder* stehen.

Beispiele: *Im Zoo gibt es Bären, gefährliche Tiger <u>und</u> giftige Schlangen.*

3 Zähle auf und verwende statt des letzten Kommas immer *und*.

Tiger	Mammuts
Grizzlys	Beutelratten
Kängurus	Eisbären
Dinos	Luchse
Pumas	Braunbären

1. Zu den Bären zählen auch Grizzlys, Eisbären und Braunbären.

2. Koalas.. sind Beuteltiere.

3. Bekannte Raubkatzen sind ....

4. Säbelzahntiger.. sind ausgestorben.

4 Wo fehlen hier Kommas? Setze sie ein oder streiche die Kästchen.

Möchtest du Blaubeerpfannkuchen ▢, Eis mit Himbeeren ☒ oder Waffeln?

Interessierst du dich für Vögel ▢ Reptilien ▢ Insekten ▢ oder Säugetiere?

Wenn ich sonntags nicht lernen ▢ im Garten helfen ▢ oder spazieren

gehen muss, kann ich mit Freunden telefonieren ▢ fernsehen ▢ oder lesen.

Soll ich jetzt weiter Kommas setzen?
Oder lieber die Brille absetzen, Kaffee aufsetzen
<u>und</u> mich gemütlich in den Garten setzen?

Zeichensetzung

Wörtliche Rede

Merke dir: Wörtliche Rede wird durch Anführungszeichen markiert. Der Redebegleitsatz endet vor der wörtlichen Rede mit einem Doppelpunkt. Danach wird groß weitergeschrieben.

Beispiele: Dirk sagte: „Gegen diese Tierschinder muss man etwas tun."
Dirk fragte sich: „Was soll ich jetzt tun?"
Dirk rief empört: „Denen werde ich das Handwerk legen!"

5 a Markiere die wörtliche Rede mit ihren Anführungszeichen farbig.

Dirk rannte die Treppe hinunter und rief: „Ich muss sofort ans Telefon!" Sein älterer Bruder antwortete gereizt: „Du siehst ja, dass ich gerade telefoniere." Dirk bat: „Bitte Sven, gib mir den Hörer!" Erstaunt fragte Sven: „Warum kannst du nicht warten, bis ich mit meinem Gespräch fertig bin?"

b Markiere mit einer zweiten Farbe die Redebegleitsätze.

6 Füge zwischen Redebegleitsatz und wörtlicher Rede einen Doppelpunkt ein.

Sven bohrte : „Wen musst du denn so dringend anrufen?" Dirk japste „Die Polizei!" Sven sprach in den Apparat „Hör mal, Olli, ich muss kurz unterbrechen. Sprechen wir nachher weiter!" Dann fragte er Dirk „Weißt du die Nummer?" Rasch antwortete dieser „Eins – eins – null ."

Statt *Anführungszeichen* sagt man auch *Gänsefüßchen*.
Pah! Gänse!
Jedes Kind weiß:
Eulen sind die besten Anführer.

Zeichensetzung

7 Setze die wörtliche Rede in Anführungszeichen.

Kerstin fragt abends: „Mama, darf ich noch ein bisschen im Bett lesen?"
Die Mutter seufzt: Kind, weißt du, wie spät es ist?   Kerstin bettelt weiter:
  Nur so lange bis ich einschlafe!   Schmunzelnd gibt die Mutter nach:
  Na gut, aber keine Sekunde länger!

8 a Markiere die wörtliche Rede und den Redebegleitsatz mit zwei verschiedenen Farben.

Jasmin berichtet: „Meine Hausaufgaben sind fertig."

Sie fährt fort   Sunai hat Freikarten für den Zirkus.

Sie fragt den Vater   Darf ich jetzt mit ihr hingehen?

Er antwortet   Seid aber zum Abendessen wieder hier!

b Setze nun die fehlenden Doppelpunkte und Anführungszeichen.

9 Ergänze alle fehlenden Zeichen.

Viktor fragt: „Warum sind Pandabären vom Aussterben bedroht?"
Dirk antwortet   Ein Panda braucht täglich zwölf Kilo Bambussprossen,
aber es gibt kaum noch echte Bambuswälder
Viktor ruft   Dann müssen sie ja verhungern
Dirk beschwichtigt ihn   Man versucht sie zu retten, indem man sie
einfängt und in Bambusgehege bringt

Ab sofort setze ich meine Rede nur noch in Rauchzeichen. Hugh. Ich habe geredet.

Zeichensetzung

> **Merke dir:** Stellt man den Redebegleitsatz hinter die wörtliche Rede, trennt man ihn durch ein Komma von ihr ab.
> Vor diesem Komma verliert die wörtliche Rede ihren Schlusspunkt. Ausrufe- oder Fragezeichen bleiben erhalten.
>
> **Beispiele:** „Dort steht Sunai", sagt Lilli.   (Lilli sagt: „Dort steht Sunai.")
> „Hallo Sunai!", ruft Viktor.   (Viktor ruft: „Hallo Sunai!")
> „Wohin geht ihr?", fragt Sunai.   (Sunai fragt: „Wohin geht ihr?")

10 Der Begleitsatz soll nachgestellt werden. Füge am Ende der wörtlichen Rede das zugehörige Satzzeichen ein, falls es gesetzt werden darf.

> 1. Lilli antwortet: „Wir gehen in die Bücherei." 2. Sunai erwidert: „Da muss ich auch hin." 3. Viktor fragt: „Weißt du, dass jemand unseren Panda entführen wollte?" 4. Lilli ruft: „Na klar, Sunai hat dem Dieb ja ein Bein gestellt!"

1. „Wir gehen in die Bücherei ⊠ ", antwortet Lilli. 2. „Da muss ich auch hin ☐ ", erwidert Sunai. 3. „Weißt du, dass jemand unseren Panda entführen wollte ☐ ", fragt Viktor. 4. „Na klar, Sunai hat dem Dieb ja ein Bein gestellt ☐ ", ruft Lilli.

11 Ergänze die wörtliche Rede um Anführungs- und Satzzeichen.

„ Seit acht Wochen versuche ich, den neuen Harry-Potter-Band auszuleihen!",

ruft Sunai aus.   Der wird heute abgegeben   sagt Viktor grinsend.

Verblüfft fragt Sunai   Woher willst du das wissen   Viktor klopft auf seinen

Rucksack.   Weil der gute Harry hier drin ist   feixt er.

Mit den richtigen Zeichen kann man etwas erreichen!

Zeichensetzung 47

12 Verbinde den Begleitsatz mit der wörtlichen Rede, setze die richtigen Zeichen.

Es spricht der Dachs: „Heut´ speise ich Lachs."

.... seufzt die Forelle.

.... fragt der Luchs.

Da brüllt der Tiger ....

Heut´ speise ich Lachs.

Ich bin Sieger!

13 Märchenstunde. Schreibe die Sätze mit allen Zeichen in dein Heft.

Zieh mich heraus bat das Brot
Schüttle mich flehte der Apfelbaum
Ihr seid die Schönste hier sprach der Spiegel
Kannst du dich in eine Maus verwandeln fragte der Kater

Beispiel: „Zieh mich heraus!", bat das Brot.

Und was ruft der Uhu? „Wir schließen jetzt zuhu!"

Lerntest

1. Füge die richtigen Satzschlusszeichen ein. **4**

In welche Klasse gehst du   Hört doch auf zu streiten

Der Wetterbericht kündigt Regen an   So ein Pech

2. Lilli erzählt ihrer Freundin Vera, was sie auf die Klassenfahrt **3**
mitnimmt. Ergänze ihre Aufzählung wo nötig mit Kommas.

Ich habe meinen neuen Bikini das Geschenk für Sunai

mein Malzeug und meinen Kuschelbären eingepackt.

3. a) Schreibe die Sätze mit allen Zeichen der wörtlichen Rede auf. **3**

STEFAN RUFT SO EINE GEMEINHEIT!

....

WER HAT MEIN GELD GEKLAUT? FRAGT ER.

....

b) Stelle den Redebegleitsatz hinter die wörtliche Rede.

Stefan lacht: „Das Geld steckte im Stiefel."

....

....

4. Ergänze sämtliche Zeichen. **10**

Max und Luca verfolgen gespannt das Basketballspiel   Woher hast
du eigentlich die tollen Platzkarten   fragt Luca plötzlich   Die
habe ich von meinen großen Brüdern   antwortet Max   Wo sind
die beiden denn   forscht Luca weiter   Max gesteht   Ich weiß es
nicht   Wahrscheinlich sind sie zu Hause und suchen die Karten

Du kannst 20 Punkte **erreichen.**
Du hast   **erreicht.**